JN078549

世界中のあなたへ

黒田 優里香　作

はじめに

この絵本は、「世界中で頑張っている人々の背中をそっと押して、エールを送りたい！」という想いから誕生しました。

あなたの人生の主人公は、他の誰でもなくあなたです。

人生の主人公だからこそ、人は考えたり悩んだり葛藤します。でもそれは、人生を精一杯生きようとする証であり、誰もが感じることだと、私は思っています。

しかし、葛藤や悩みが大きい場合は、とてもしんどくて辛いときもありますね。そんなときにこそ、この絵本を通して、私はあなたにエールを送ります。そして、あなたの心が少しでも軽くなってくれれば、何よりも幸せです。

私は現在、専修免許状を取得するために休職して大学院に通っています。それ以前は、国語の教諭として４年間、公立中学校に勤務していました。教師になることも夢の一つでしたが、もともと私は 15 歳から絵本作家になることも夢だったのです。社会人になってからも趣味で絵本を制作していました。12 年越しではありますが、こうして絵本出版の夢がかたちになることは本当に幸せで有難いことであり、御縁があって人生で出会った全ての人々に心から感謝の気持ちでいっぱいです。

『世界中のあなたへ』は私が教員時代に生徒たちに向けて作った２冊の本が元になっています。「一度きりの人生だからこそ、自分らしく輝いて全力で楽しんでほしい」という願いが込められています。また、この絵本を読むことで自分と向き合い、これからの自分自身の人生を考えるきっかけにして頂ければ幸いです。

人生の主人公である世界中のあなたへ、愛を込めて。

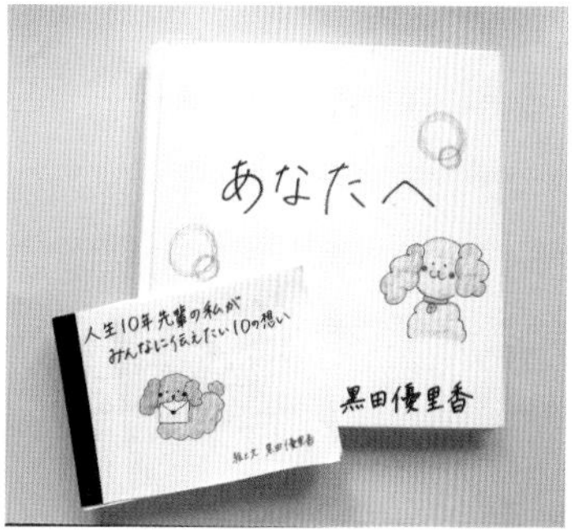

初めての卒業生、３年３組のみんなへ贈った『人生 10 年先輩の私がみんなに伝えたい 10 の想い』と、教員４年目に担任した１年３組へ書いた『あなたへ』

もくじ

「世界中のあなたに伝えたい 10 の想い」

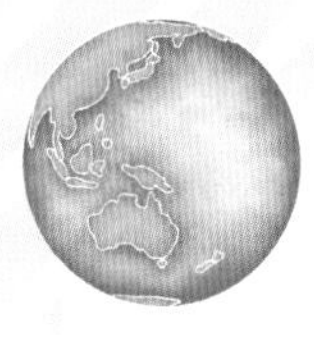

頑張り屋のあなたへ

一生懸命頑張ることは
確かに素晴らしいことではある…けれど。
無理しすぎてない？　我慢してない？　自分らしく生きてる？

いつも頑張り屋や良い子でいることが良いわけじゃない。
一番大切なのは、いつも自分の心に正直に生きること。
だから、しんどいときはゆっくり休めばいいし、
元気なときは全力で頑張ればいい。

今、どんな自分がベストなのか。
胸に手をあてて心にしっかり問いかけて。

すぐに落ち込んじゃうあなたへ

人間誰しも失敗はするもの。
だから、失敗するのは当たり前。
完璧な人間はいない。
特に学校は間違えることを学ぶところ。
そして、間違いから正解を知って成長していくところ。
とはいっても、自分が失敗すると誰でも恥ずかしく思うだろう。
しかし人生の主人公は自分自身だから、案外他の人はあなたの
失敗を気にしていないことが多い。

それに失敗してもその出来事は、あなたの人生のほんの一瞬に
すぎないのだから、くよくよしないで。
さぁ、あなたを待っている未来に向かって笑顔で進もう。

毎日をただ何となく過ごしているあなたへ

実は人生、平凡ほど幸せなことはない。

しかし平凡な日々を人は退屈と感じる。それは刺激や変化がないから。しかし「人生山あり谷あり」なので、いつも平凡で平和な日々が続くとは限らない。

生きている限り、自然と近づいていること、それは死。いつか必ず人生に終わりが来る。限りがあるからこそ、人生の時間を大切に過ごさなければならない。

今、自分が心からやりたいことは何か。

有意義に過ごすためにも、いつも目標を持って生きよう。目標は小さくても大きくても、少なくても多くても自由。目標はあなたの進むべき未来の道標になるから。人生の時間はいつも大切に。

ムードメーカーのあなたへ

あなたがいる。
それだけで周りが自然と明るくなって、笑顔の輪が広がる。
ムードメーカーの人は、とても面白くて楽しくて笑いのセンスがある魅力的な人だけど…。

心配なことがある。
その笑いが悪い笑いになっていない？
その笑いが誰かを傷つけていない？
悪い笑いのムードメーカーは、みんなから嫌がられて、そっと距離を置かれていつか必ず寂しい思いをするから。

だから、ムードメーカーの人こそ思いやりの心を大切に。

悩み事があるあなたへ

悩み事がある人は、自分自身をよく見つめている人。
悩むというのは、自分の人生を真剣に考えてより良い人生を歩もうとしている証だから。
しかし、悩むという行為はエネルギーを沢山使うしんどいことだから、悩みすぎるのは身体に毒。だから、悩みは一人で抱えこまないで。

人生、流れに身を委ねようというお気楽さや、信頼できる人に頼ろうという甘えも時には大切。
何でもほどほどに。
悩むこととも うまく付き合って。

毎日が幸せなあなたへ

毎日が幸せなあなたの人生は、今輝きに満ち溢れている。
それはきっとあなたが今まで何事にもしっかりと努力してきたからこその結果。幸せとは、あなたが今も努力し続けている証。

しかし、誰しも人生には波がある。
幸せなあなたは、今他の人に比べて心のゆとりが大きいからこそ、率先して周りの人を助けてあげて。
助けてもらった人は、あなたの恩を忘れないし、いつかあなたが困ったときに助けてくれるから。

心のゆとりがある幸せなときこそ、人に優しく親切に。

自信が持てないあなたへ

「あなたは自信がありますか。」
この質問に対して、特に日本人は謙虚が美徳とされる国なので
「いいえ」と答える人が多いだろう。

でも、私は間違っていると思う。
「はい！」と大きな声で堂々と胸を張って答えるべきだと思う。

そもそも自分が自分を信じなければ、誰があなたを信じるのか。
もちろん自惚れや自意識過剰は反対だけど、
自信＝自分を信じる気持ちは常に持つべきである。
自分が自分を信じないと何も始まらないから。

人間関係で悩んでいるあなたへ

人間関係ほど難しいものはない。
当たり前だけど、自分と全く同じ人間はいない。
人間はひとりひとりが違った個性や価値観を持っている。

だから、人間関係がうまくいかないときはあって当たり前。
もちろん気が合う人もいれば、逆に合わない人もいる。

それは当たり前で自然なこと。
だから、人間関係で悩まないで。

夢を持っているあなたへ

人生において最も素晴らしいことは「夢がある」ということ。
夢とは、これからあなたが進むべき方向、あなたの志を正しく
示し続けてくれるものだから。

どんな大きな夢もどんな小さな夢も全て誇り高き夢。
夢は叶えるもの。
夢は自らの手で掴み取るもの。

夢はあなたが諦めなければ、いつか必ず叶うから。
叶うまでそっと心の中に大切に閉じ込めて。
そして、たゆまぬ努力を。

T

世界中のあなたへ

あなたは唯一無二の存在。
世界中でただ一人のかけがえのない存在。
あなたの人生の主人公は他の誰でもなく、あなた。

だからこそ、たった一度きりの人生を自分の心に正直に生きて、
自分らしく輝いて。

これからの人生は、全てあなた次第で無限に広がってゆく。

自分が心から納得できる人生を歩んで。
自分らしく生きて、いつも笑顔で人生を全力で楽しんで。

〝海〟の紹介

愛犬・海は、私が中学１年生のときに我が家にやってきました。
幼い頃は、とても活発で遊ぶことが大好きでした。
今でもお散歩が好きでお友達に会うと、とても嬉しそうにしています。
我が家の愛犬・海からも世界中のあなたに、幸せや癒しを届けることができると嬉しいです。

名前：黒田海（くろだかい）
犬種：トイプードル・レッド
性別：オス
誕生日：2005 年 5 月 18 日

性格：フレンドリー、甘えん坊、優しい、年をとってからは頑固な一面も

好きな食べ物：ササミ、ヨーグルト、たまに生クリーム

好きなこと：お散歩、ボール遊び、家族とまったりすること

FINE DAY

未来は全て自分次第

過去に戻れないこと。

１日は 24 時間であること。

命は一人一つずつであること。

これらは全人類がみな平等なこと。

いくらお金を払おうと時間や命は買えないし、

過去や未来に行くこともできない。

人間は今というこの一瞬一瞬を生きている。

そして、その点が無数に集まって一本の線となり、人の人生になっている。

今、この一瞬をあなたはどう生きているのか。

あなたの未来は全て自分次第で無限に広がる。

一度きりの人生だからこそ、あなたはどんな道を歩んでいくのか。

涙の数だけ成長がある

人は生きていると壁にぶつかることもある。
時には絶望し、涙を流すこともあるだろう。
苦しくて辛くて逃げ出したくなる壁に出会うこともあるかもしれない。

しかし、その壁を乗り越えたとき人は何倍も成長できる。
諦めなければ、どんな壁も乗り越えられる。
そして、本当の痛みというものを経験した人ほど強く優しくなれる。
人間に不可能なんてないのだから。

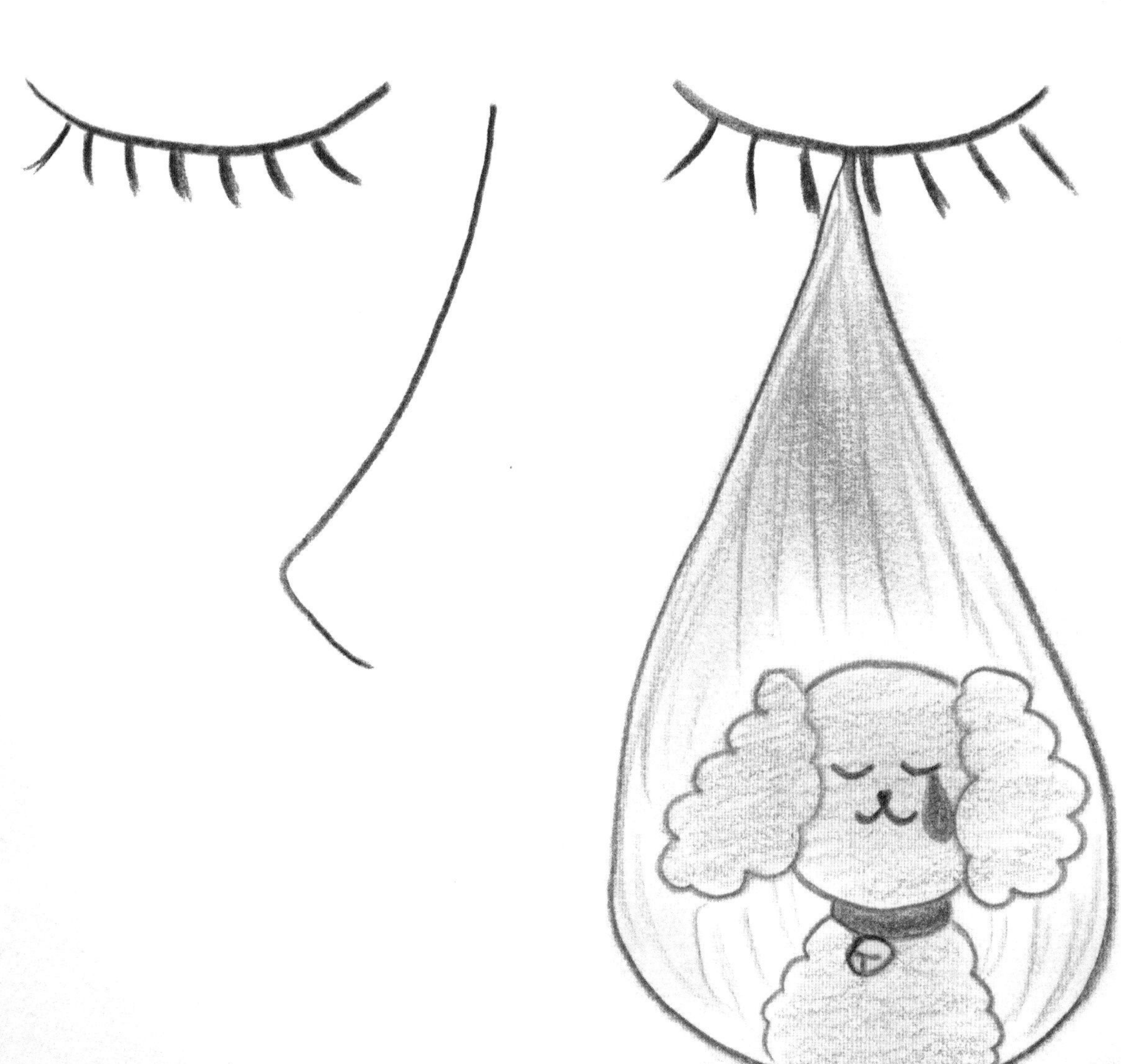

自分の永遠のライバルは
過去の自分であれ

いつも理想の自分を思い描く。

自分の目標というものを常に掲げて生きていると、自ずと将来進むべき道が見えてくるから。

他人と比較せず、他人を意識せずに生きて。

私の永遠のライバルは過去の私。

昨日の自分より今日の自分が少しでも成長できていたらそれでいい。

それは、あなたが一歩一歩確実に理想の自分に近づけている証だから。

昨日
VS
今日

常に自分を俯瞰せよ

生きていると不思議な感情が沸き上がることがある。

「これでいいのか。」「これは必要なのか。」

人間全てのことを全力でやると、正直身体がもたない。

だからこそ、生きている以上選択することが大切になってくる。

自分自身のことは、世界中で一番自分自身が分かっている。

だから自分の心に正直に生きよう。

心の底から本気でやりたいと思えるものこそが真の糧。

自分のエネルギーとなってゆく。

違和感があったり、心が嫌がったりしていることをしない勇気も必要。

心のときめき。わくわくの気持ち。いてもたってもいられない心の動き。

それら全てを大切に。

そのためにも常に自分を俯瞰せよ。

辛いときこそ空を見よう、自分のちっぽけさが分かるから

生きていたら楽しいことや嬉しいことも沢山ある反面、

辛いことや苦しいこと、嫌なことだってある。

人間誰しも失敗はするもの。

人間は完璧じゃないからこそ魅力的。

広大な空を見て。

雄大な雲が流れ、全てを包み込んでくれるような真っ青で美しい空を。

そんな空に比べて、あなたは写真のように切り取られた、小さな小さな世界に住んでいるいかにちっぽけな存在か。

もし、失敗したり落ち込んだりしても、その出来事はあなたの人生のほんの一瞬にすぎないのだから。

あなたを待っている未来に向かって笑顔で進もう。

心から納得のいく人生を

自分の心に嘘をつかない。

自分の人生は妥協しない。

夢を叶えるために。

夢を掴み取るために。

自分の心に正直に生きる。

挑戦せずに一生後悔するのは生き地獄。

挑戦して、もし叶わなくても後悔はしないし、ちゃんと納得できるから。

今、あなたは心から納得のいく人生を歩んでいますか？

自分の一番のファンは自分自身であれ

人間には個性がある。

個性があるから、それぞれの人生に深みが増し、各々の世界が輝いている。

人間はそれぞれ違うからこそ美しい。

だから、あなたはあなたのままがいい。

飾らなくていい。ありのままがいい。

人と違うことを恐れ、他人からの評価を気にする弱さほど、この世に情けないものはないから。

他人に自分の何が分かるのか。

だからこそ、自分自身を常に信じて。

自分自身を大切に想って。

胸を張って自信持って自分の信念を貫いて。

個性的で自由な人であれ

自分らしさを大切にしている人は美しい。

自分らしさを大切にしている人は筋が通っている。

自分らしさを大切にしている人は人生が輝く。

だからこそ、自分らしさを大切に。

自分の個性を貫いて。

自分の心の赴くままに生きて。

大丈夫、必ずあなたの味方がいる。

今の舞台であなたらしく自由に輝いて。

人生は楽しんだもん勝ち

あなたの人生の主人公は他でもなくあなた。

あなたしか味わえないあなたの人生。

あなたが楽しいと思えば楽しい人生になるし、

あなたが辛いと思えば辛い人生になる。

考え方次第で世界は違って見えてくる。

だから、辛いと思うときこそ楽しんで。

これを達成したら私は強くなれる、成長できるんだというように。

人生は楽しんだもん勝ちだから。

人は自ずと最善の道をゆく

人生とは選択の連続である。
ターニングポイントと呼ばれる大きな分かれ道も
生きている限り、何度か出会う。

人生は自分の思い通りの道に進めないこともある。
その時は悔しい、悲しいといったマイナスの気持ちや絶望することもあるだろう。
しかし、人間は本能的に最善の道を選択して
人生を歩んでいると言われている。

だから、今あなたがいる場所はあなたの人生において最善なのである。
今を大切にすることこそが全て未来に繋がっている。

黒子とくまた町の仲間たちが
お送りする 名言？迷言？
座右の銘
5つの座右の銘と個性豊かな
キャラクターたちが登場します。
是非お気に入りを見つけて下さい。

自分を信じれば
何でもできる。

自分のためにも自分を信じよう。
あなたなら大丈夫。
きっとものすごい力を発揮できるから。

どやさっ!

時には流れに身を委ね。

止まない雨はない。
しんどいことや苦しいことがあっても
必ず終わりがあるから気楽に待とう。
雨宿りという休憩も時には必要だから。
そして、雨が止んだときは笑顔で一歩踏み出そう。

ありのままのあなたでいて。

あなたがいる。
それだけで幸せを感じる人は沢山いる。
だから飾らずに。無理してかっこつけずに。
一度きりの人生だからこそ、自然体で
あなたらしく輝いて。

童心と好奇心をいつまでも大切に。

心はいつも若くあれ。
常識なんて誰が決めた？
そんな鎖に縛られず、心の赴くままに
生きよう。
わくわく、どきどき、きらきら、ときめく
美しい世界の感動をいつも胸にして。

本気で壁にぶつけたボールが
本気で返ってくるように。

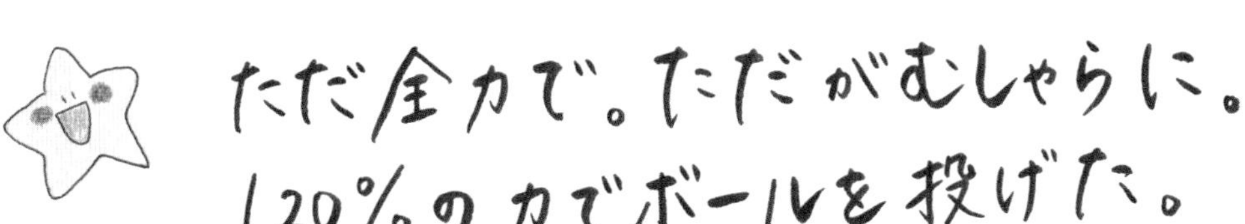

ただ全力で。ただがむしゃらに。
120%の力でボールを投げた。
だけどいつも愛を込めて。
それな人生を歩み続けたい。

あとがき

この絵本には、私が「世界中のあなたに伝えたい想い」がぎゅっと詰め込まれています。私は現在 27 歳ですが、21 歳までは毎日をただ淡々と、平凡な日々を送っていました。今思うと勿体無いと思う反面、幸せで羨ましいなと思います。

しかし、大学４回生の春。最愛の祖父の突然の死により、人生が一変しました。どうしようもない絶望感に苛まれ、世界がまるでモノクロのように見えた人生最大の悲劇。これればかりは嘆き悲しんでも本当にどうしようもない。変わらない現実。そして決して変えられない現実。その現実が受け入れられなくて、まるで魂が抜けてしまった生きる屍のようでした。

祖父が天国へ旅立ってから、２週間くらい経ったある日。夢の中で祖父は生きていた頃と同様に、優しくて穏やかな笑顔を私に向けてくれました。

そしてこう言ったのです。「ゆりさん、頑張りや！」

この言葉でハッと我に返りました。

祖父が生前に「人生は楽しまなあかん」と、よく言っていたことを思い出したのです。そして「これからの人生ちゃんと生きなければ‼」と心底思えるようになり、祖父の言葉に励まされ背中を押されて、私の人生観（生き方）が 180 度変わりました。

それからというもの「何事も前向きに捉え、人生そのものを楽しむこと」と「自分が納得のいく人生を歩むこと」を目標に、日々を大切にするようになりました。当時、私は国語の教師になることが夢で、2 か月後に教育実習、3 か月後に教員採用試験を控えていました。今のこの努力は、「夢を叶え、未来で待っている生徒たちと出会うため」だと考えると、今が未来に繋がるからと思えるようになり、猛勉強も苦ではありませんでした。
考え方をちょっと前向きにするだけで世界が違って見え、こんなに力が湧いてくるのだと祖父は教えてくれました。

学校や仕事場、家庭など、それぞれの舞台（ステージ）に今、世界中にいるあなたは立っています。その舞台であなたらしく輝いて、今を大切にしてください。もちろん誰でも波はあり、順調なときもあれば不調なときもあります。そんな不調の波が来たときこそ、絵本を通してエールを送り、世界中のあなたの力になりたいと心から願っています。

世界中のあなたの人生が沢山の幸せで溢れますように。

2019 年 12 月 31 日
黒田 優里香

天国のじいちゃんへ

天国のじいちゃんへ

元気にしていますか。

じいちゃんが天国に旅立ってからもう五年が経ちました。人生最大の悲劇に遭い深い悲しみに襲われ、絶望感しかなかったけれど、夢に出てきて励ましてくれたお蔭で、私は強く前向きに生きることができています。

小さい頃からいつも面倒を見て可愛がってくれた、第二の親のようなかけがえのない存在のじいちゃん。いつもオシャレでかっこ良くて、私の自慢のじいちゃん。みんなの喜ぶ顔を見るのが好きで、優しくて思いやり溢れる温かい心の持ち主のじいちゃん。ドライブが好きで GAIA でいつも色んなところに連れて行ってくれました。

沢山の素敵な思い出を本当にありがとう。

そして、お出かけしたときはいつも「立てり」と言って、カメラで写真を沢山撮ってくれました。その影響で私は写真が好きになりました。遊びに行ったとき、いつもお菓子を用意してくれていて、私は今でも茶団子、若鮎、かりんとう、芋けんぴが大好きです。また、ちゃーちゃんのことを大切に想い、いつも仲良しなおしどり夫婦なところも尊敬していました。

そして、何より大好きだったのが、じいちゃんとのさよならの握手。

ちょっぴりゴツゴツしていて、温かく優しいじいちゃんの手のぬくもりを私は一生忘れません。よく習字で昇段したとか頑張ったときには、握手の手の中にそっとお札を小さく折り畳んで、私にくれるのがお決まりでしたね。そういう粋なところも大好きでした。

かっこ良くて思いやり溢れるじいちゃんは私の自慢の祖父でした。

今はもう会えないけれど、じいちゃんが教えてくれたことや沢山の思い出は、私の心の中で生き続けています。いつかまた出会える日まで、私もこの人生を楽しみ前向きに歩んでいきます。

本当にありがとう。

私はじいちゃんのたった一人の孫として、生まれてこられて良かった。

この広い世界の中で、じいちゃんと出会えて本当に良かった。

じいちゃん・ちゃーちゃんと
(桑田芳春さん・美子さん)

世界中のあなたへ

人生の主人公であるあなたが
自分を信じ続ける限り
世界は輝く

おわり

作者紹介

黒田 優里香

1992年10月24日生まれ。京都府宇治市在住。立命館大学文学部卒業後、4年間大阪府公立中学校の国語教諭として勤務。現在、大学院修学休業制度を利用して立命館大学大学院文学研究科在学中。幼少期から趣味で絵本制作やキャラクター作りを行い、中学3年生のときに絵本作家になりたいという夢を持つ。

アメブロ「くろゆり日和」
https://ameblo.jp/kuroyuri1024/

世界中のあなたへ

初版1刷発行 ● 2020年1月22日

作者
黒田 優里香（くろだ ゆりか）

発行者
小田 実紀

発行所
株式会社Clover出版　〒162-0843 東京都新宿区市谷田町3-6 THE GATE ICHIGAYA 10階
Tel.03(6279)1912　Fax.03(6279)1913　http://cloverpub.jp

印刷所
日経印刷株式会社

ISBN978-4-908033-52-0　C0095